SELF-HELP
With
Positive
AFFIRMATIONS

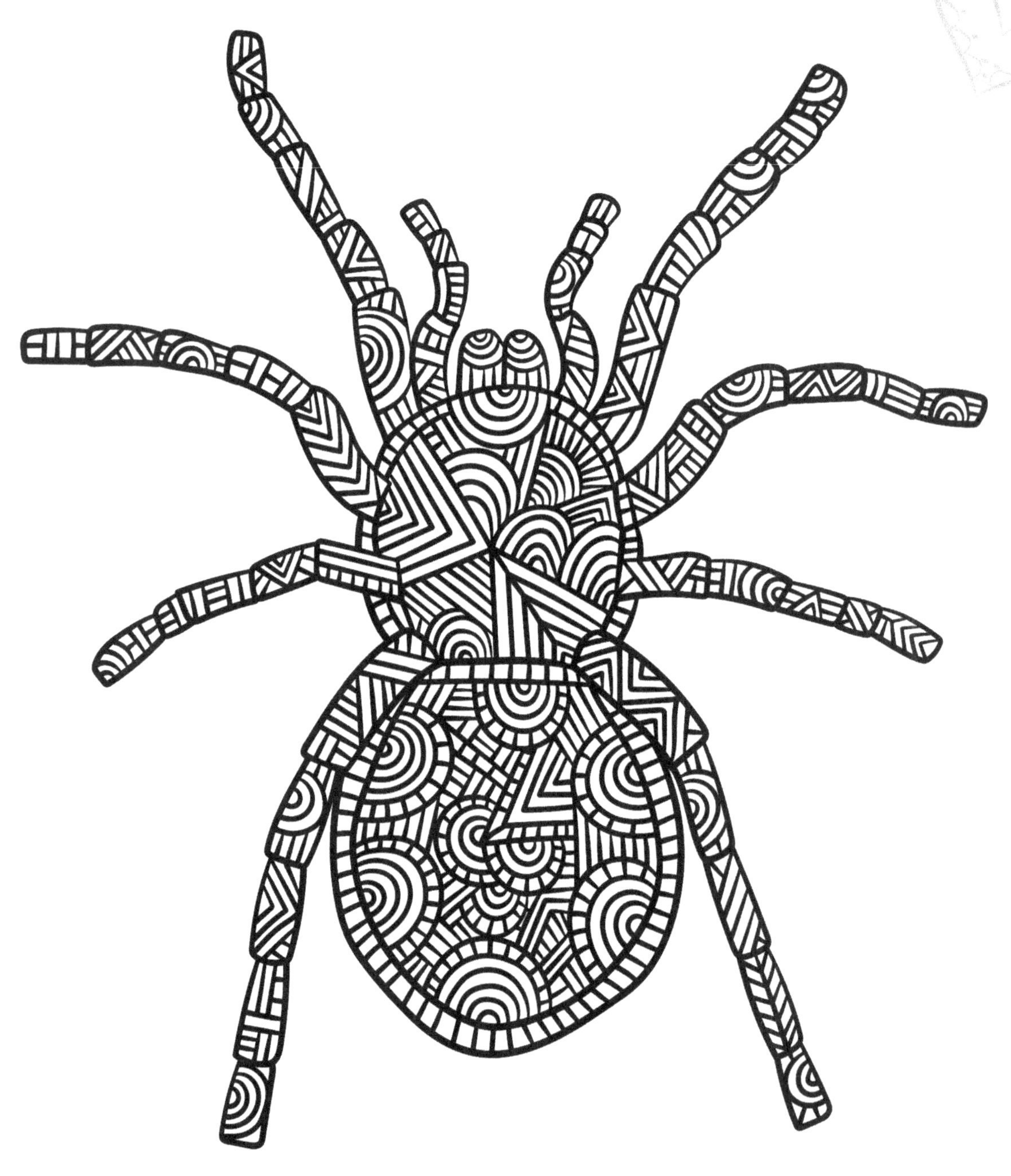

I am

FIERCE

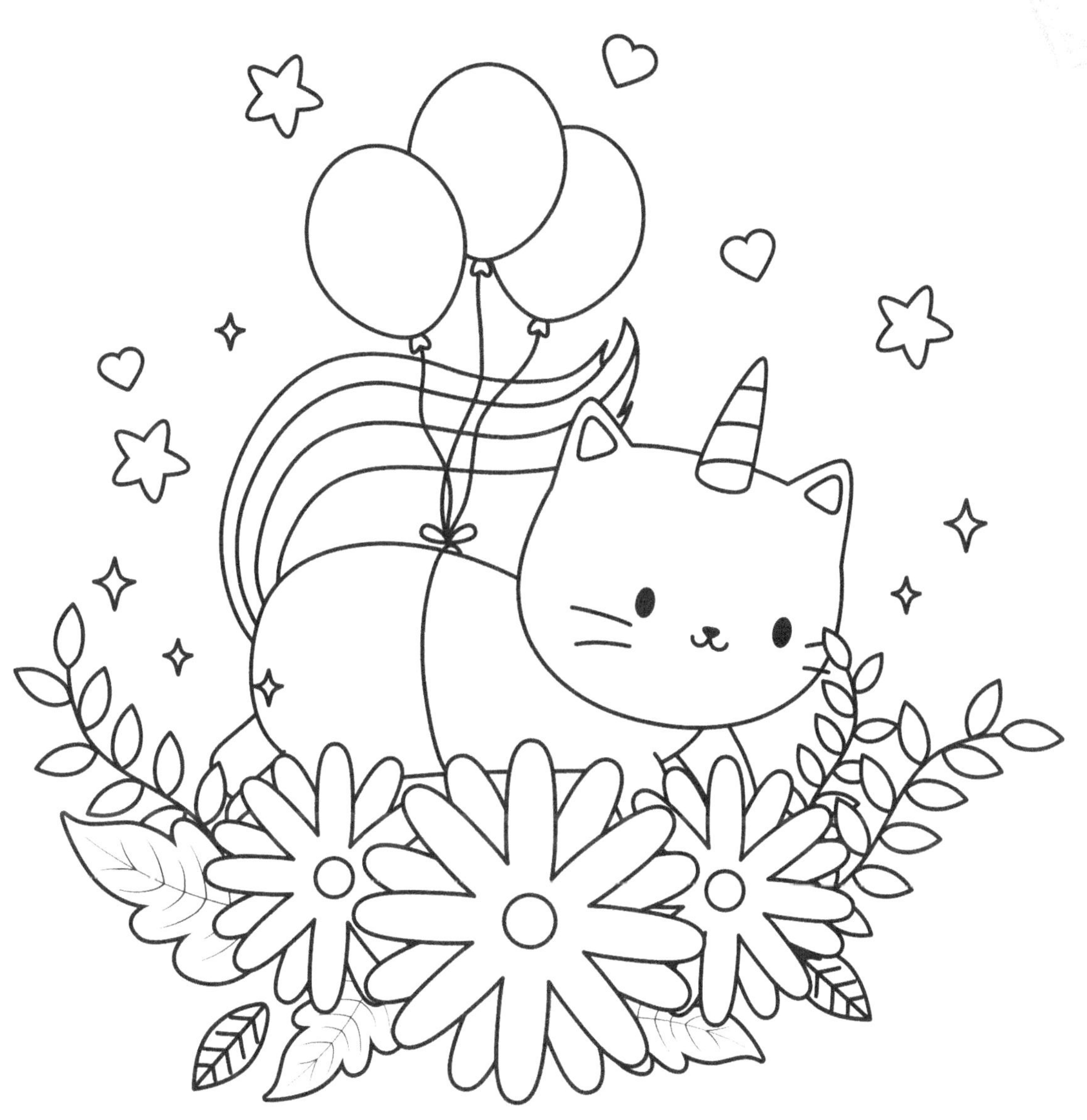

I am

BEAUTIFUL

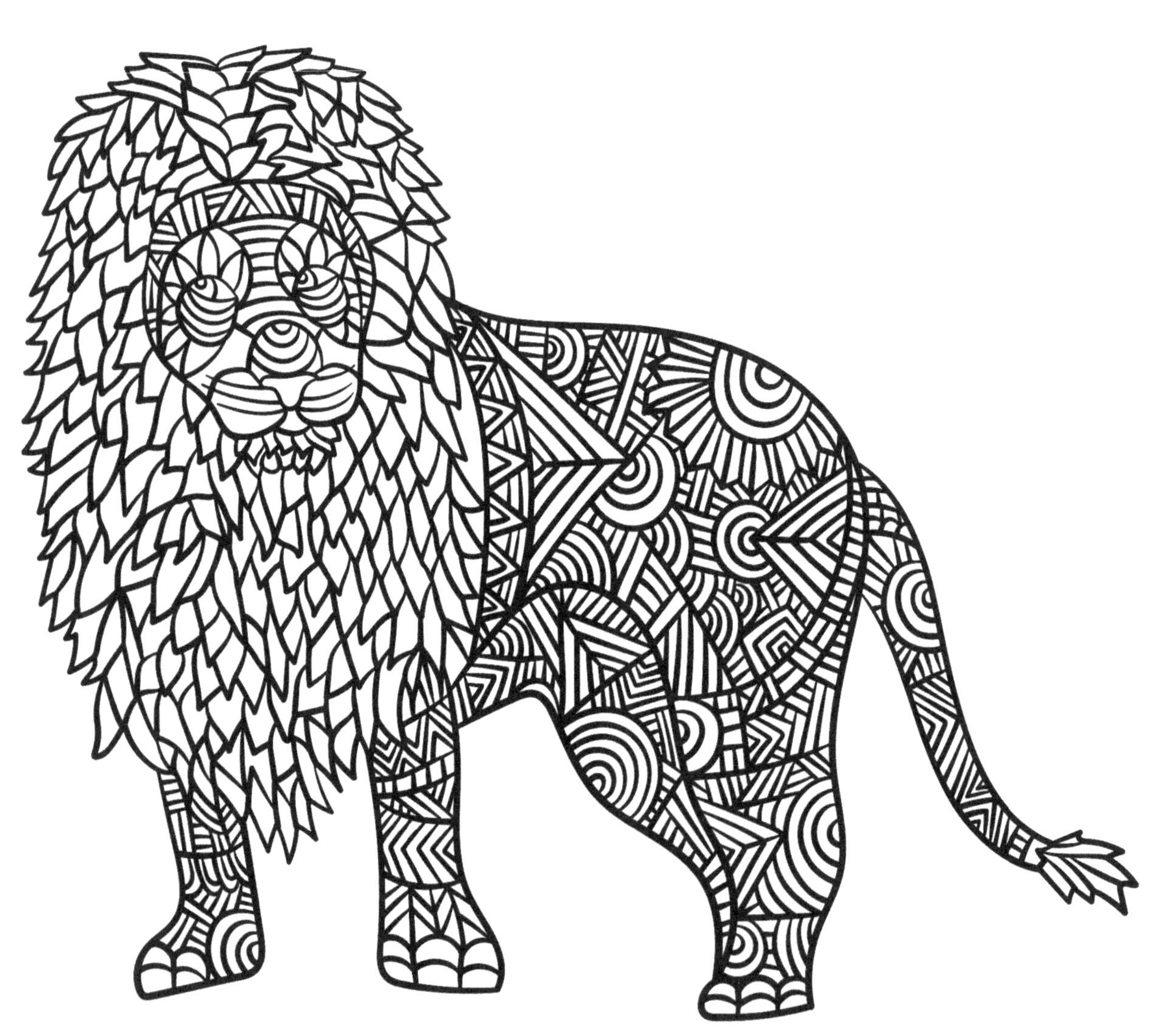

I am

POWERFUL

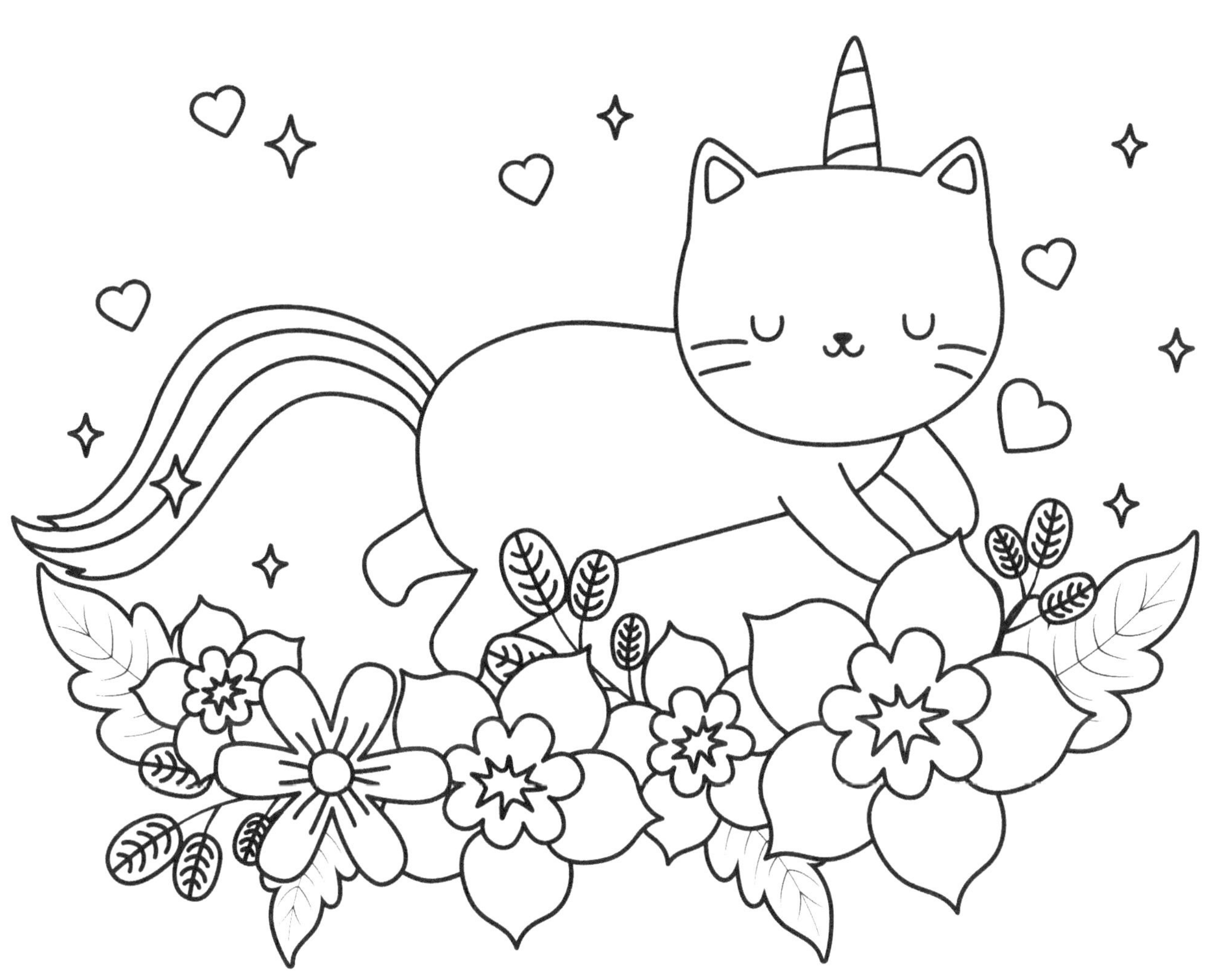

I am
SMART

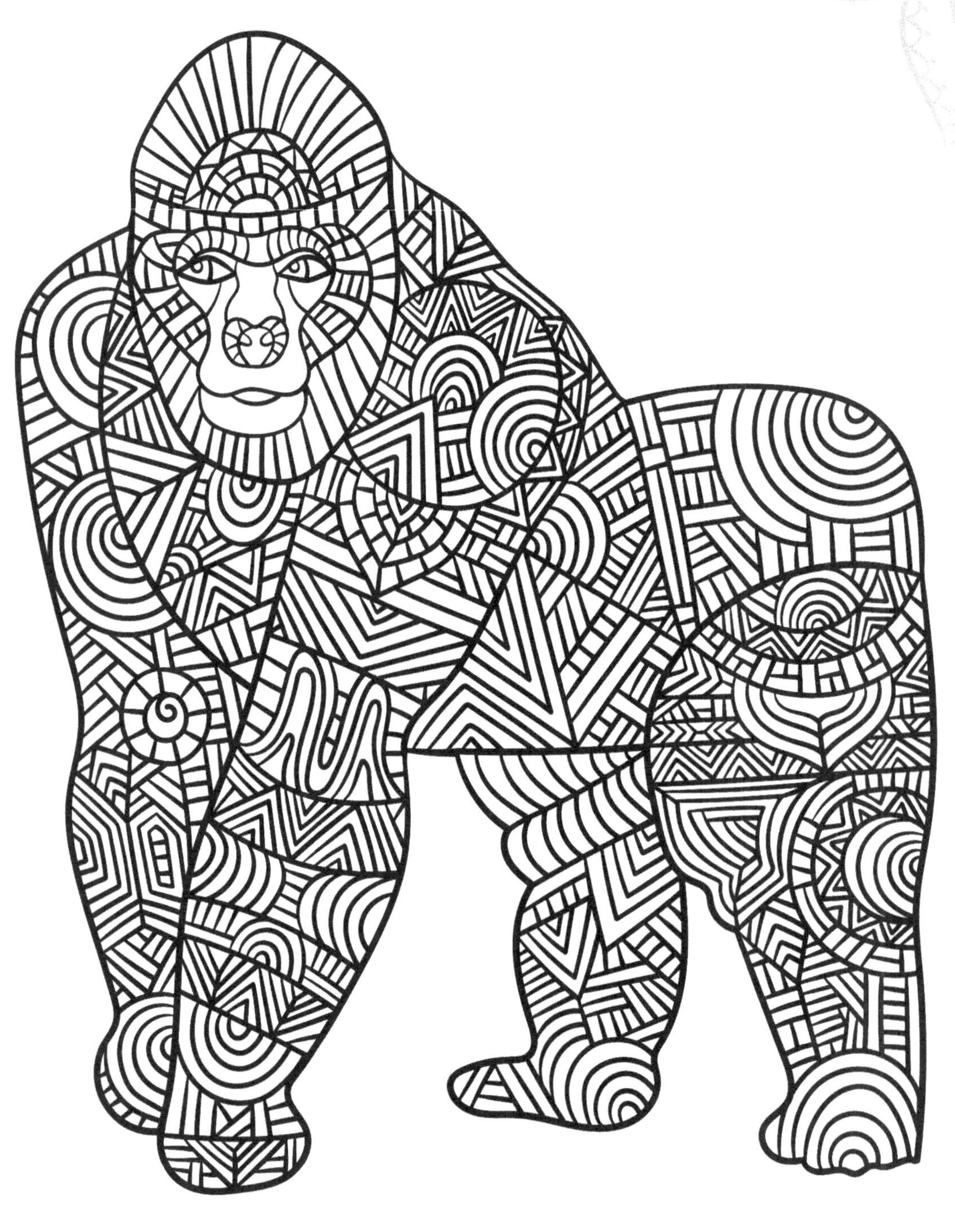

I am

MIGHTY

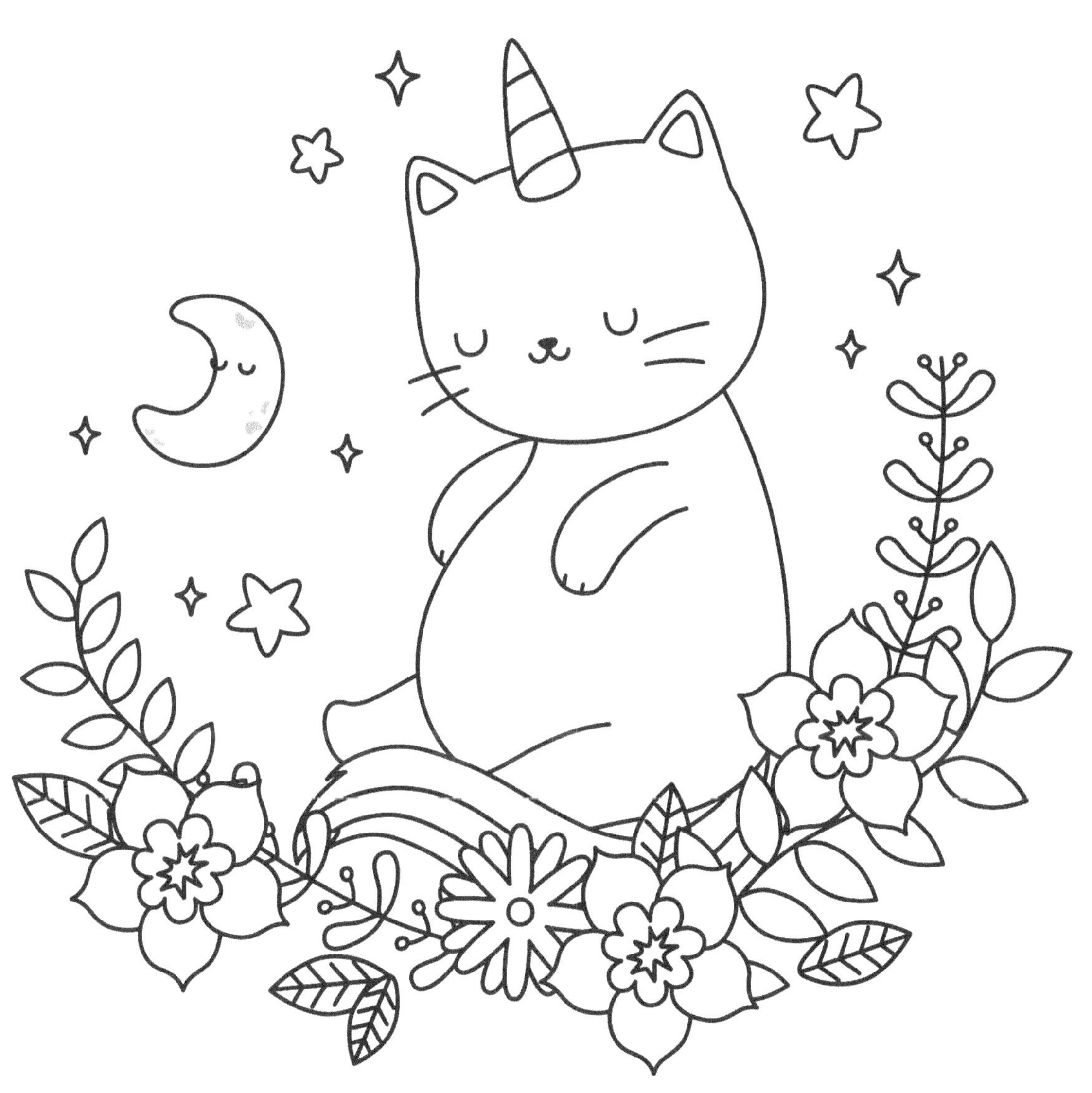

I am

GRATEFUL

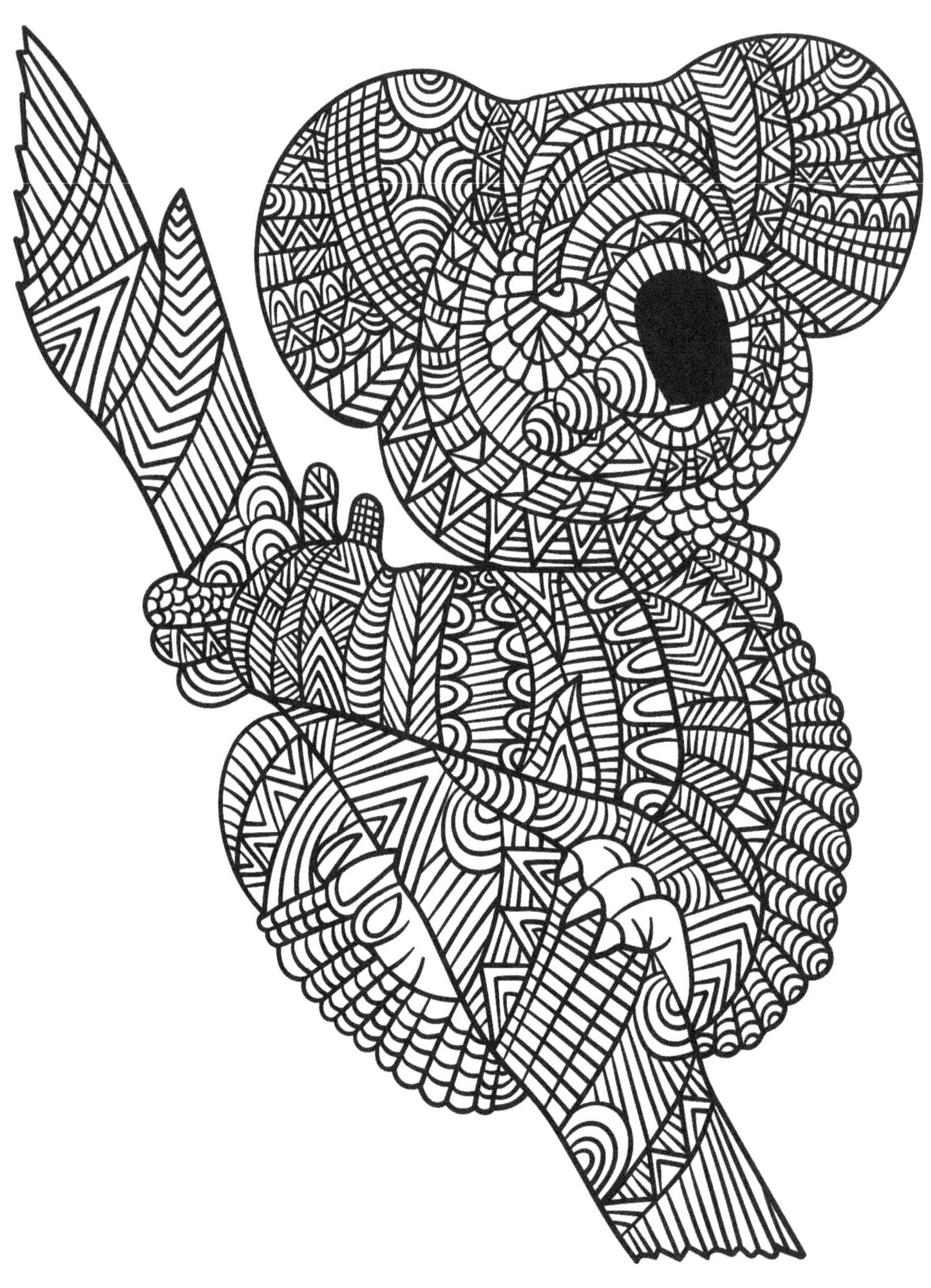

I am

KIND

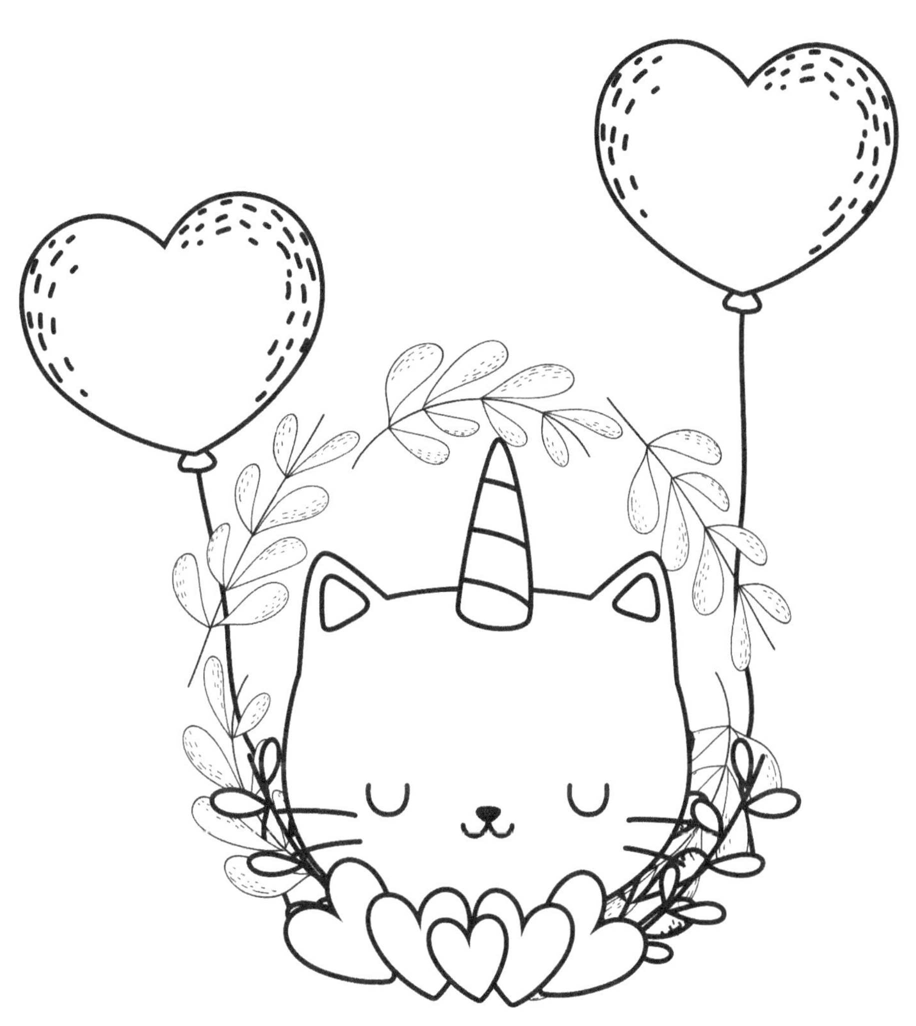

I am

LOVED

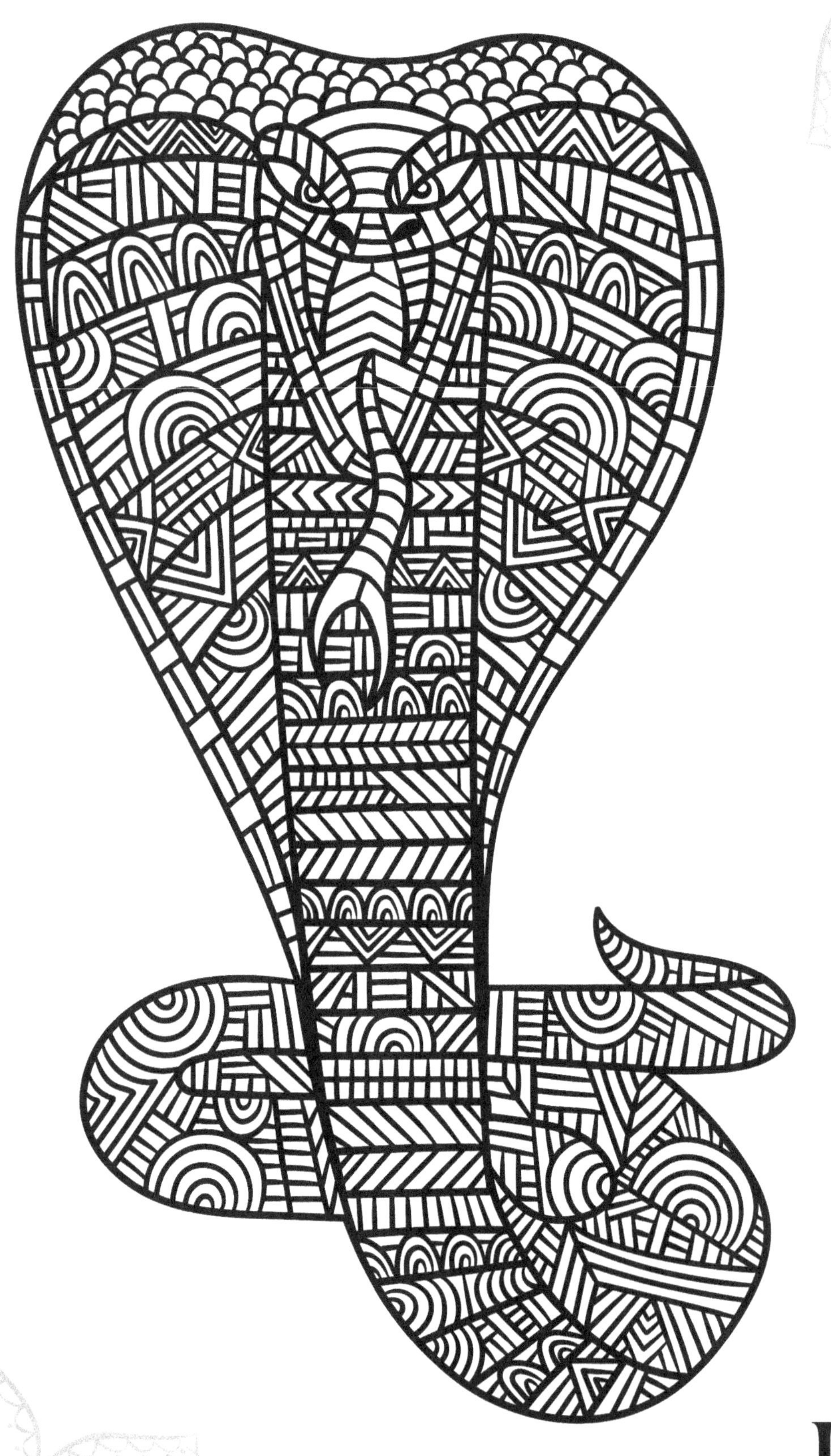

I am

RESPECTED

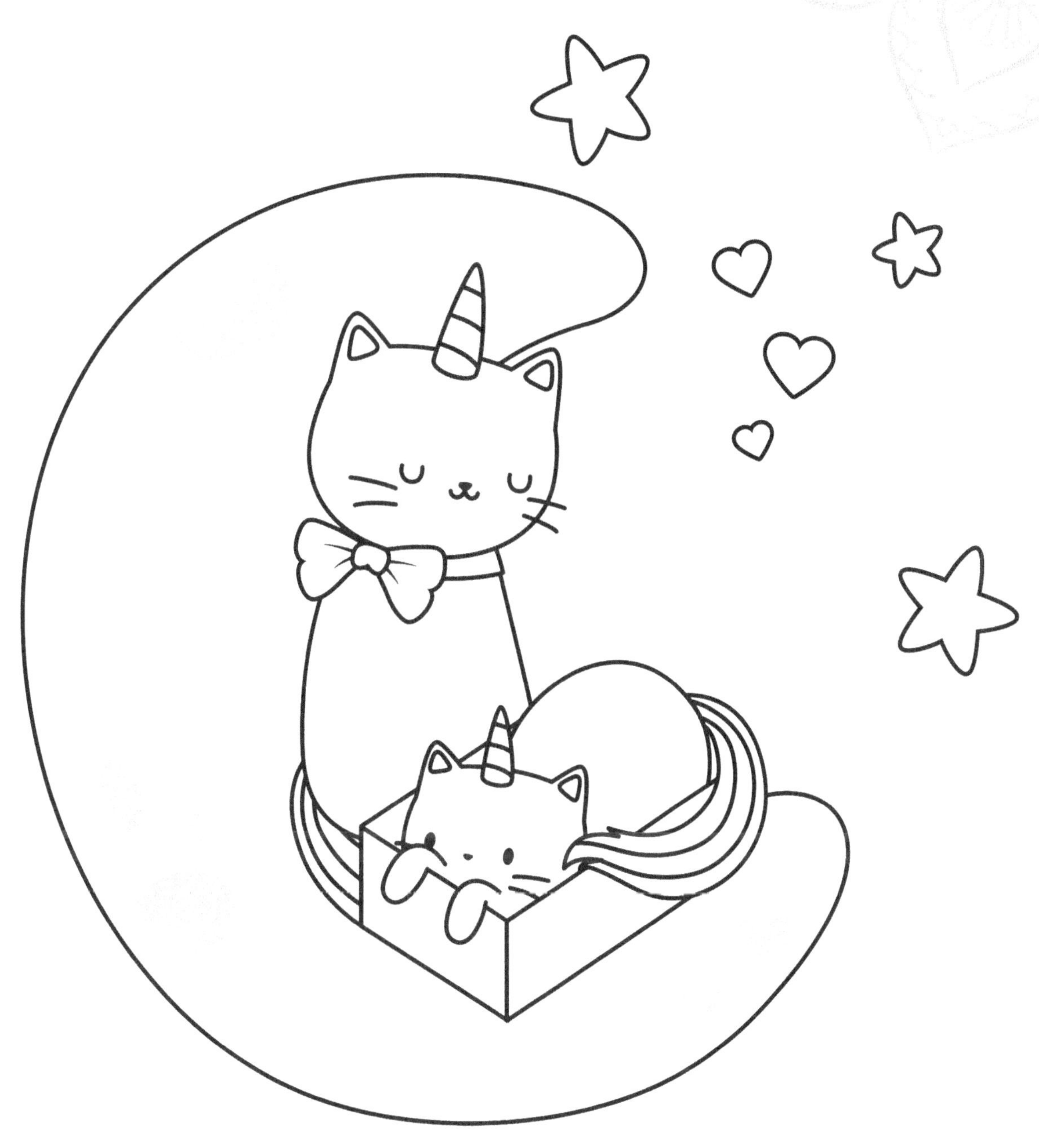

I am

HONEST

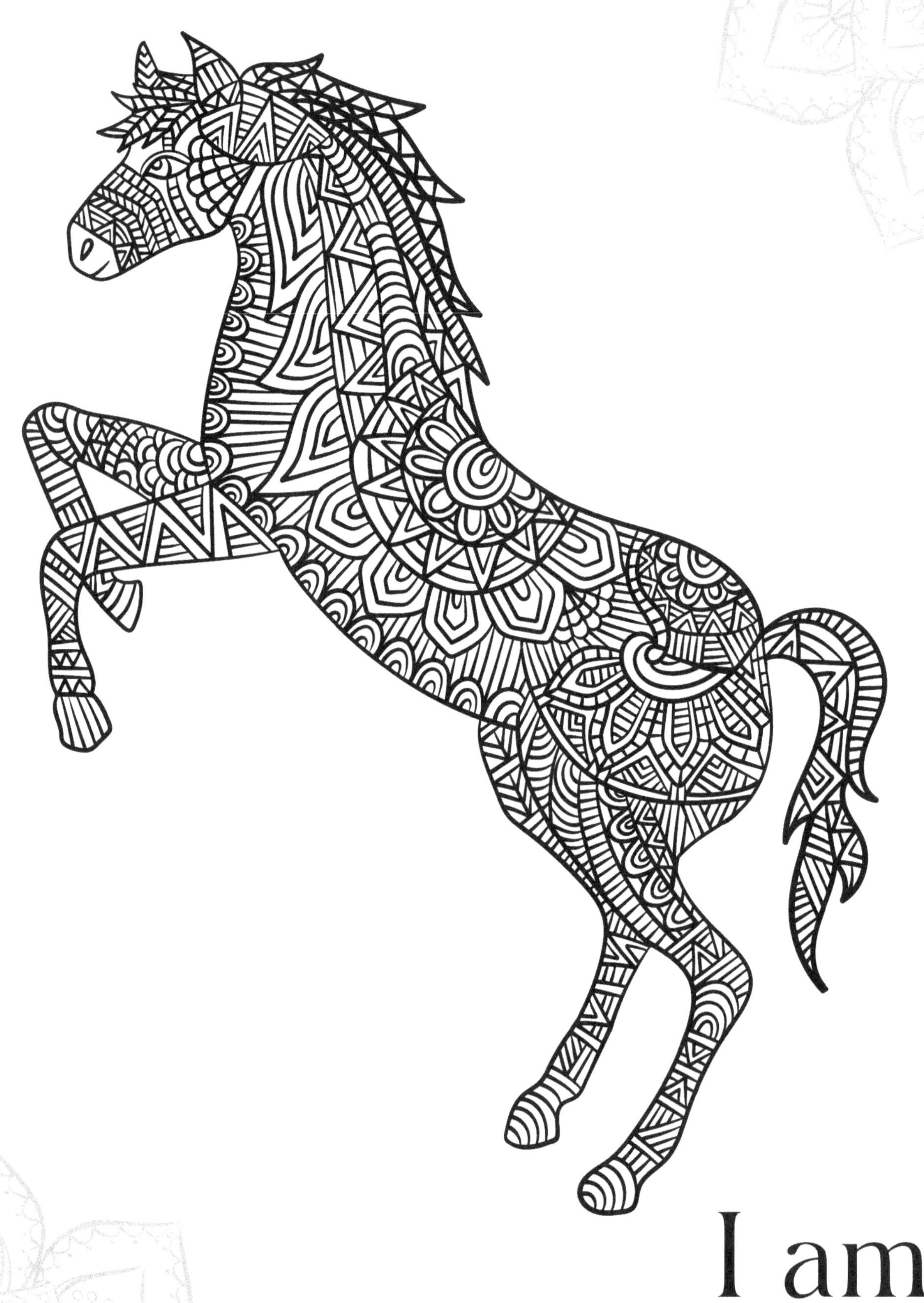

I am

GRACEFUL

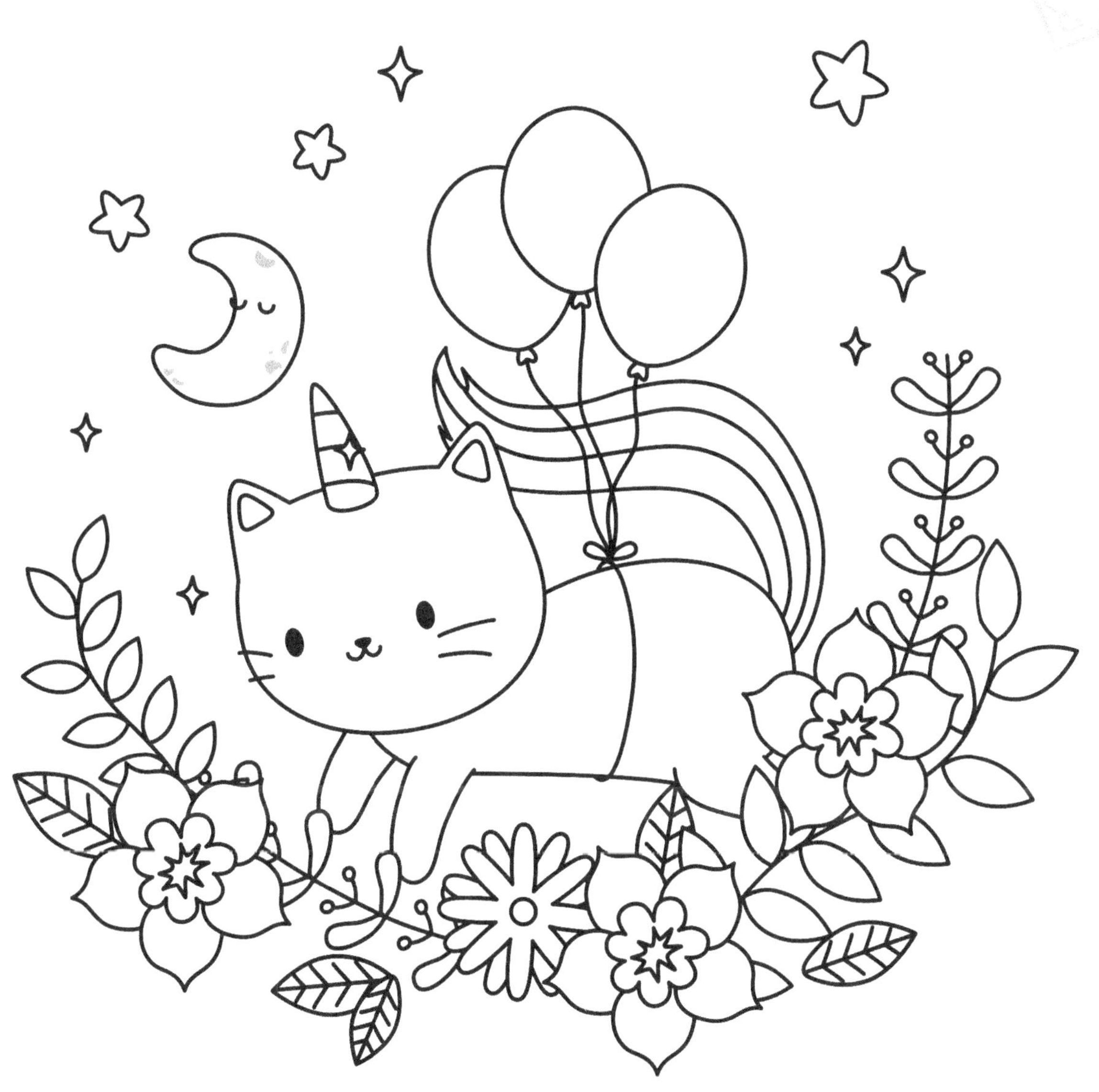

I am
SPECIAL

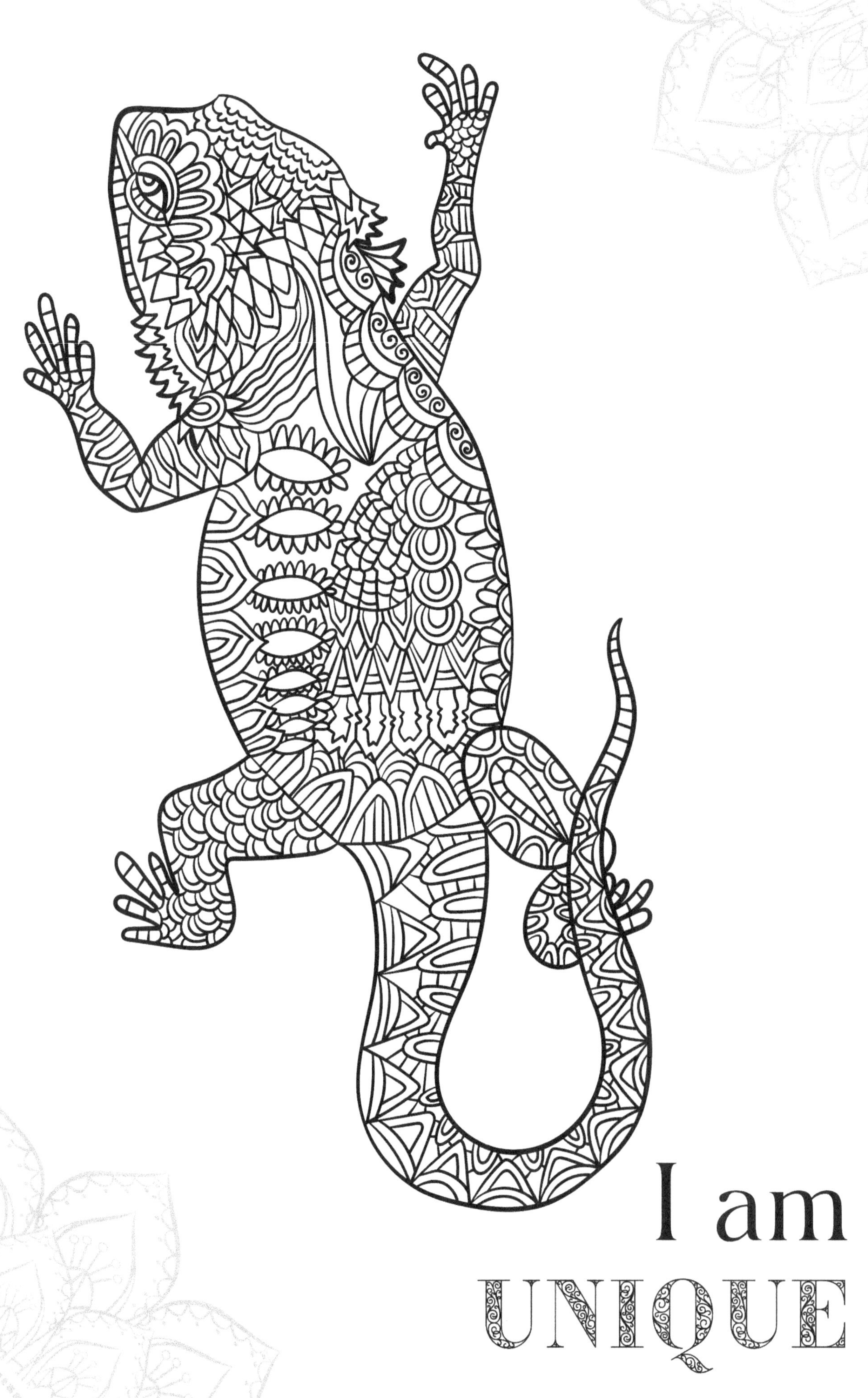

I am
UNIQUE

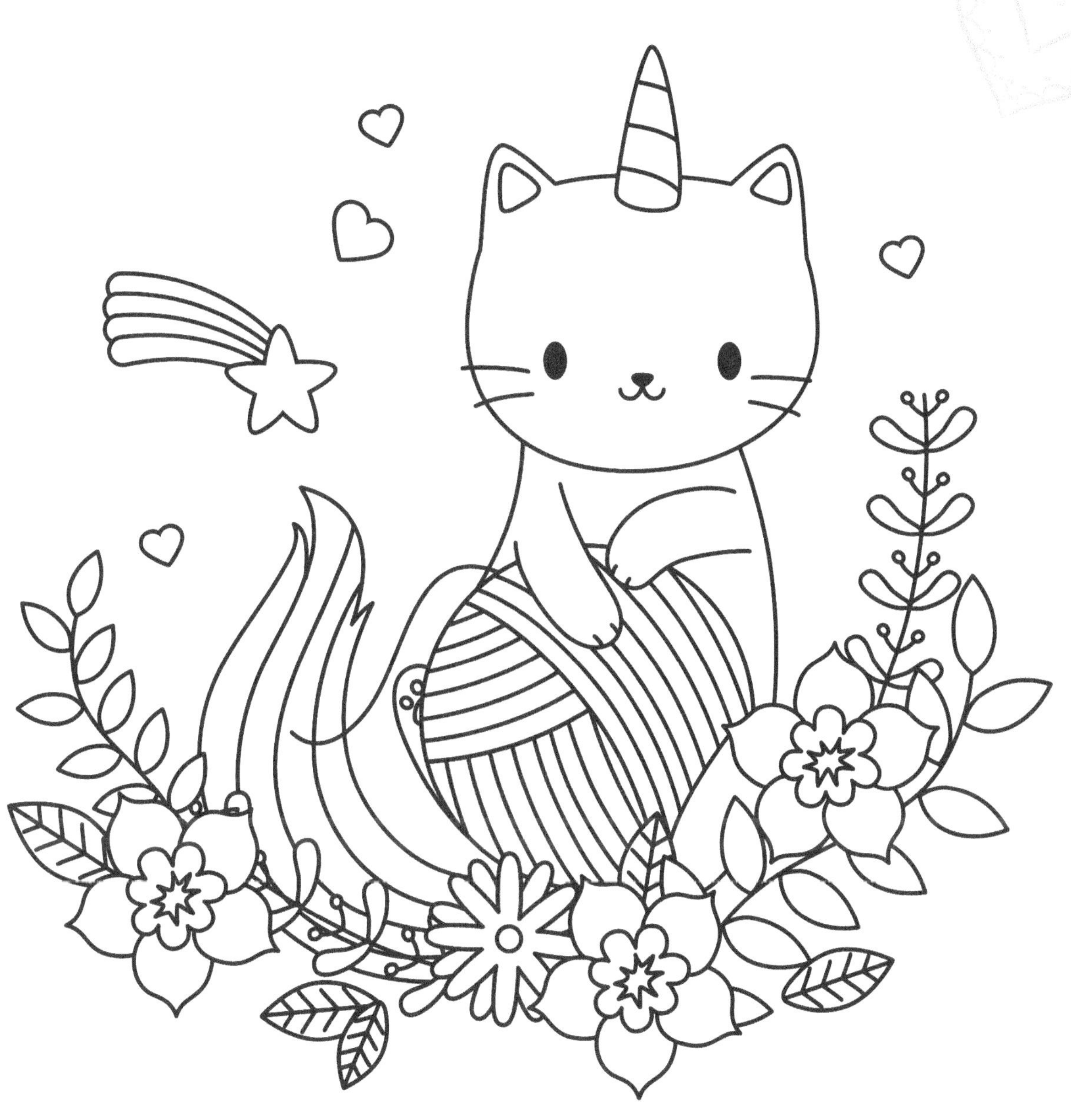

I am

VALUED

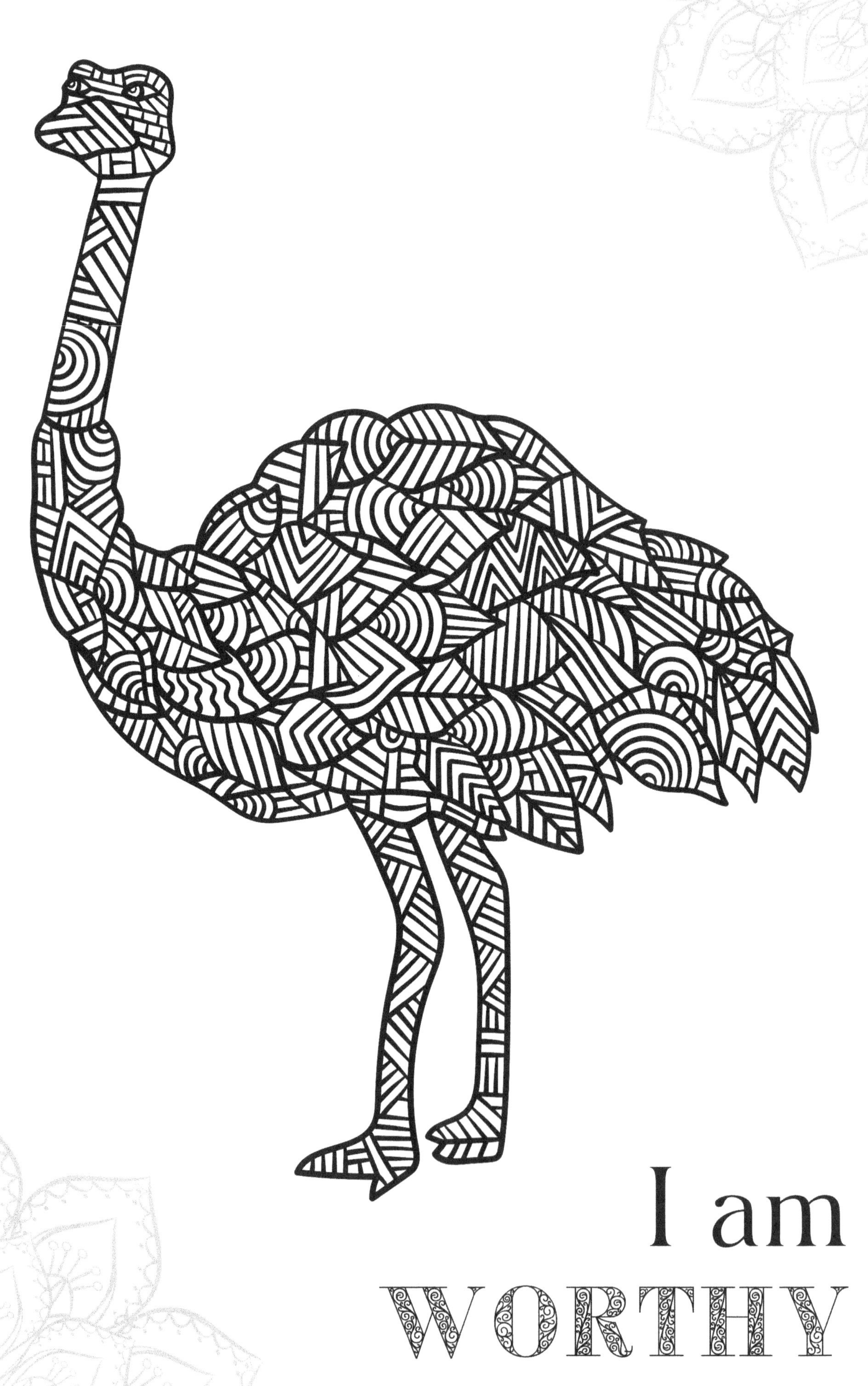

I am

WORTHY

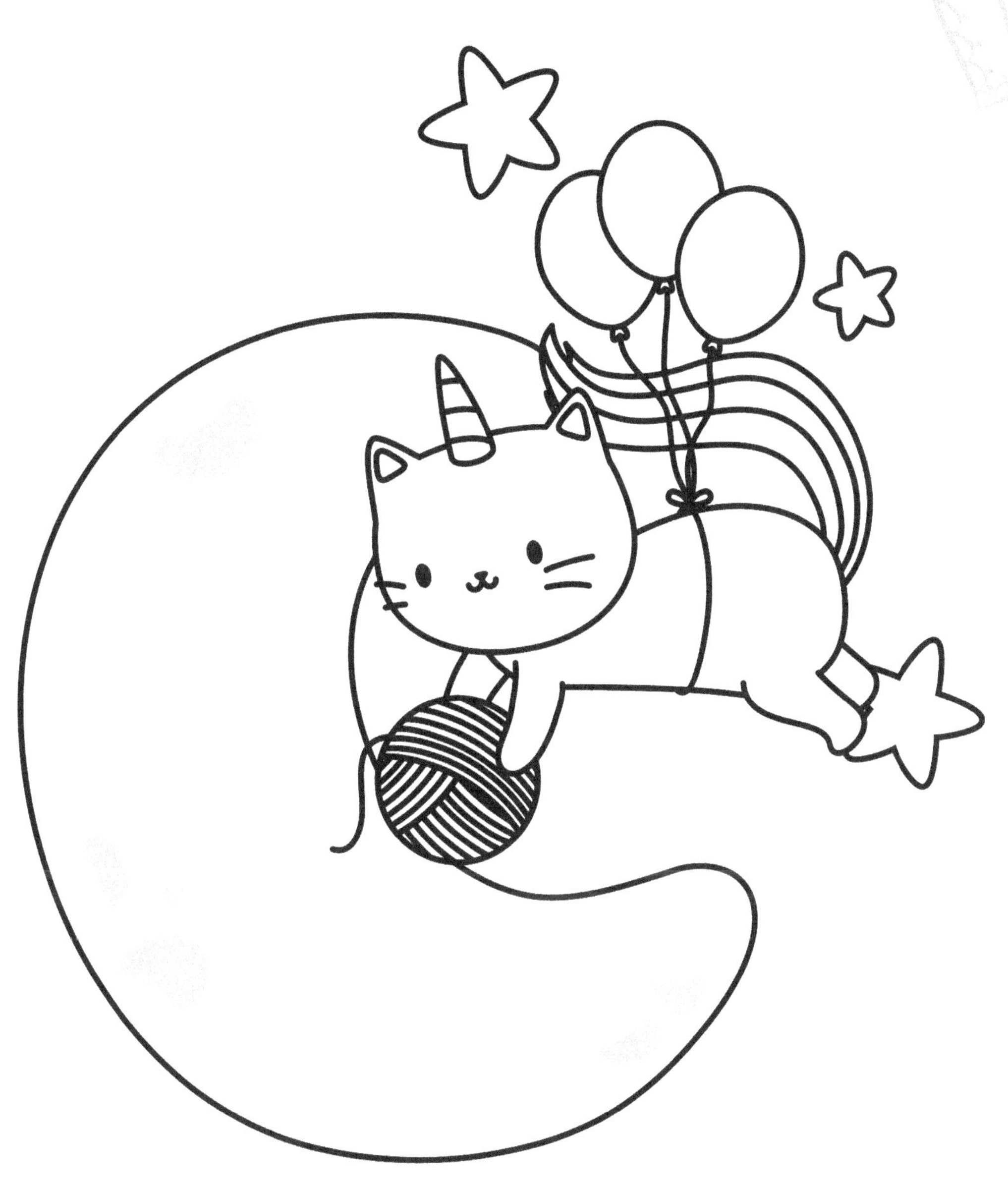

I am

LOYAL

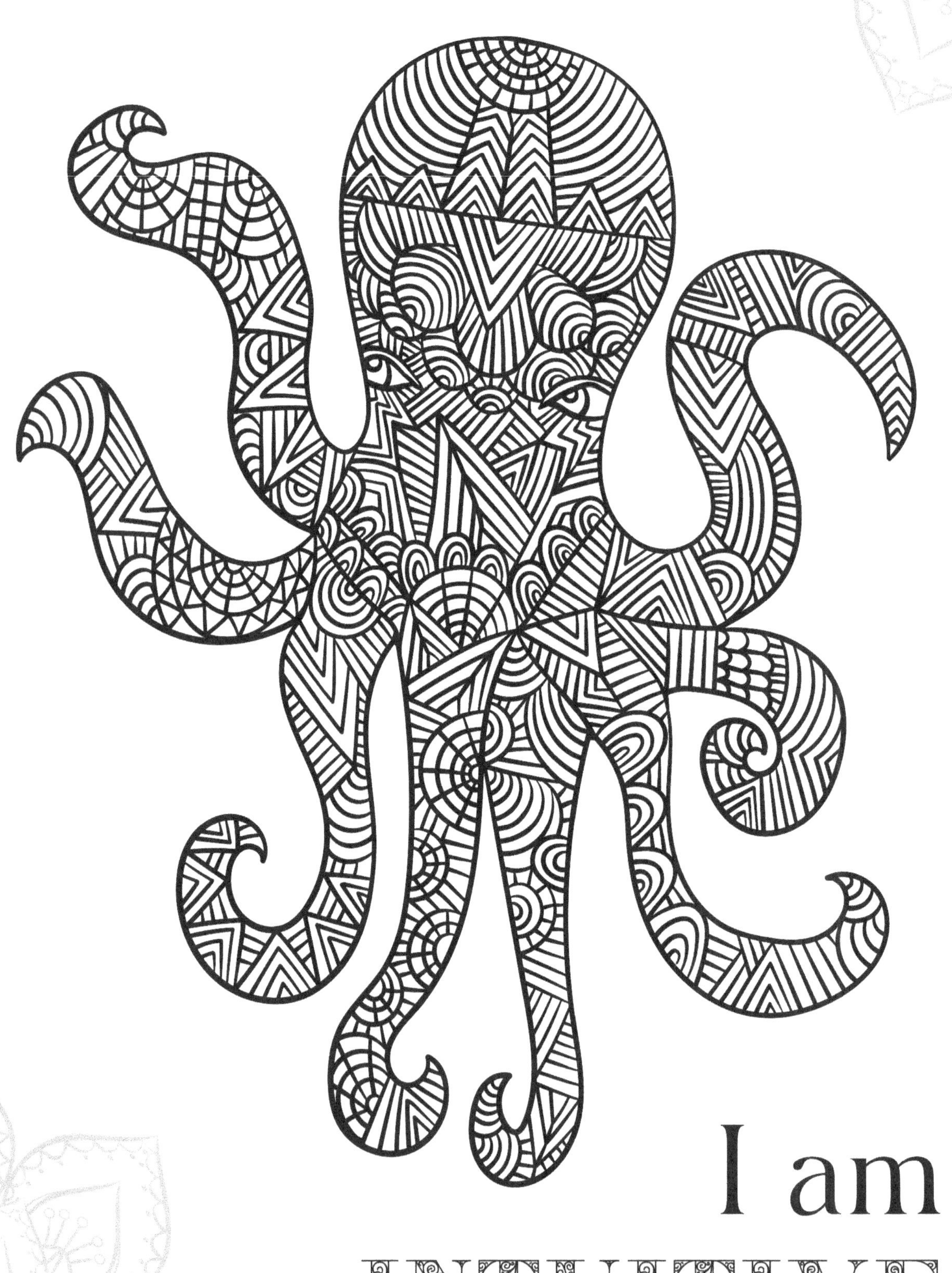

I am

INTUITIVE

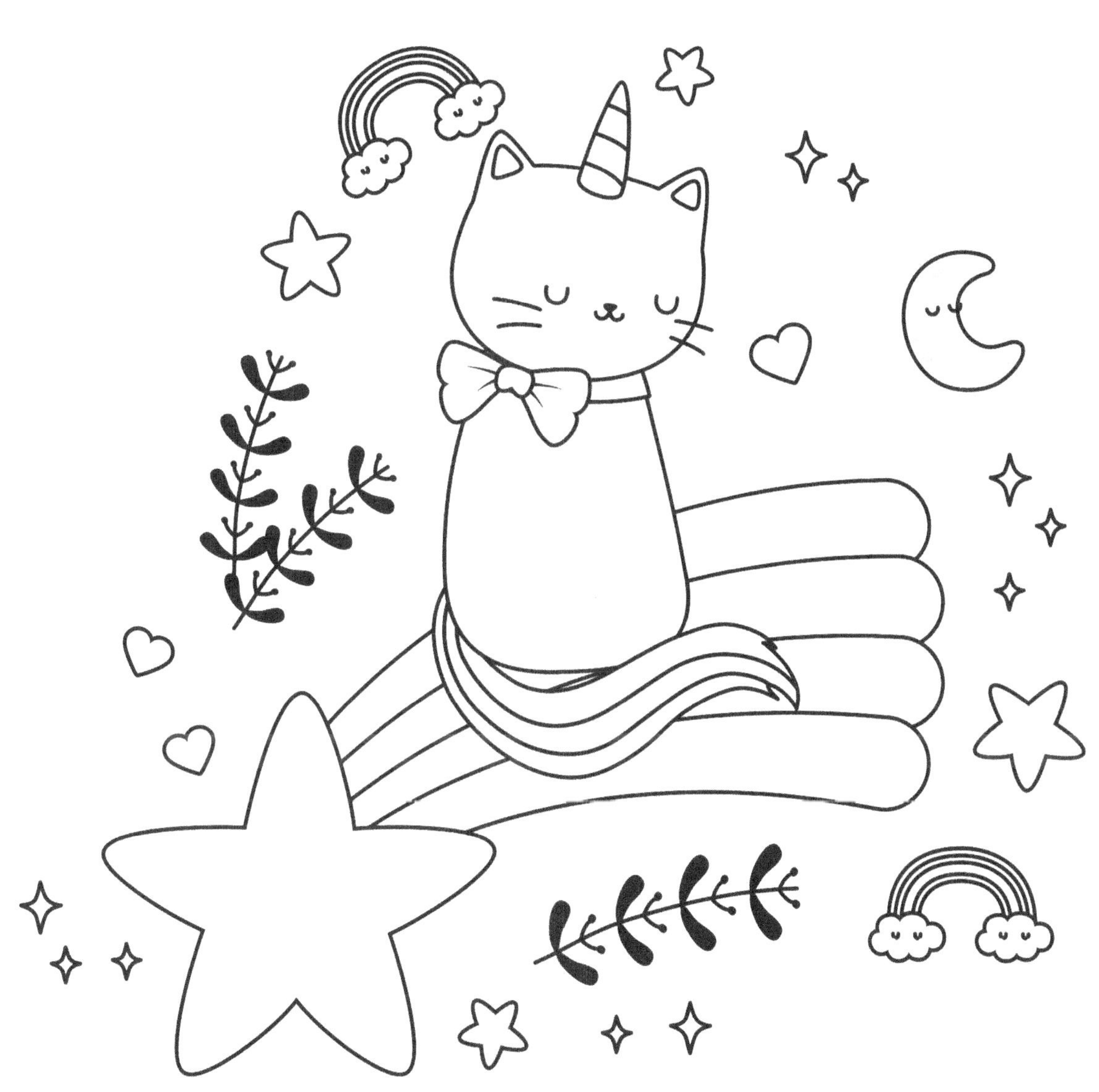

I am

CONFIDENT

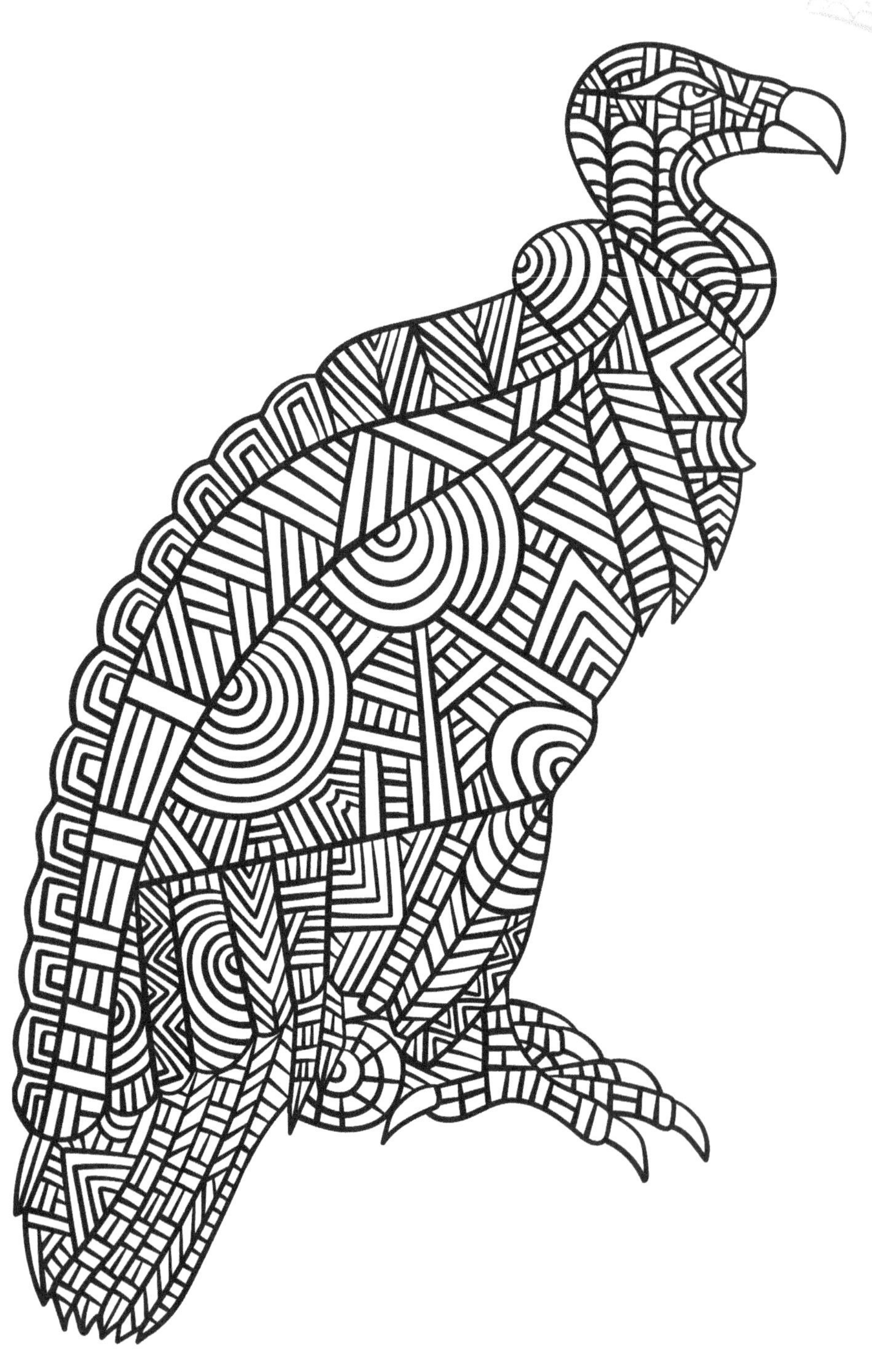

I am

RESILIENT

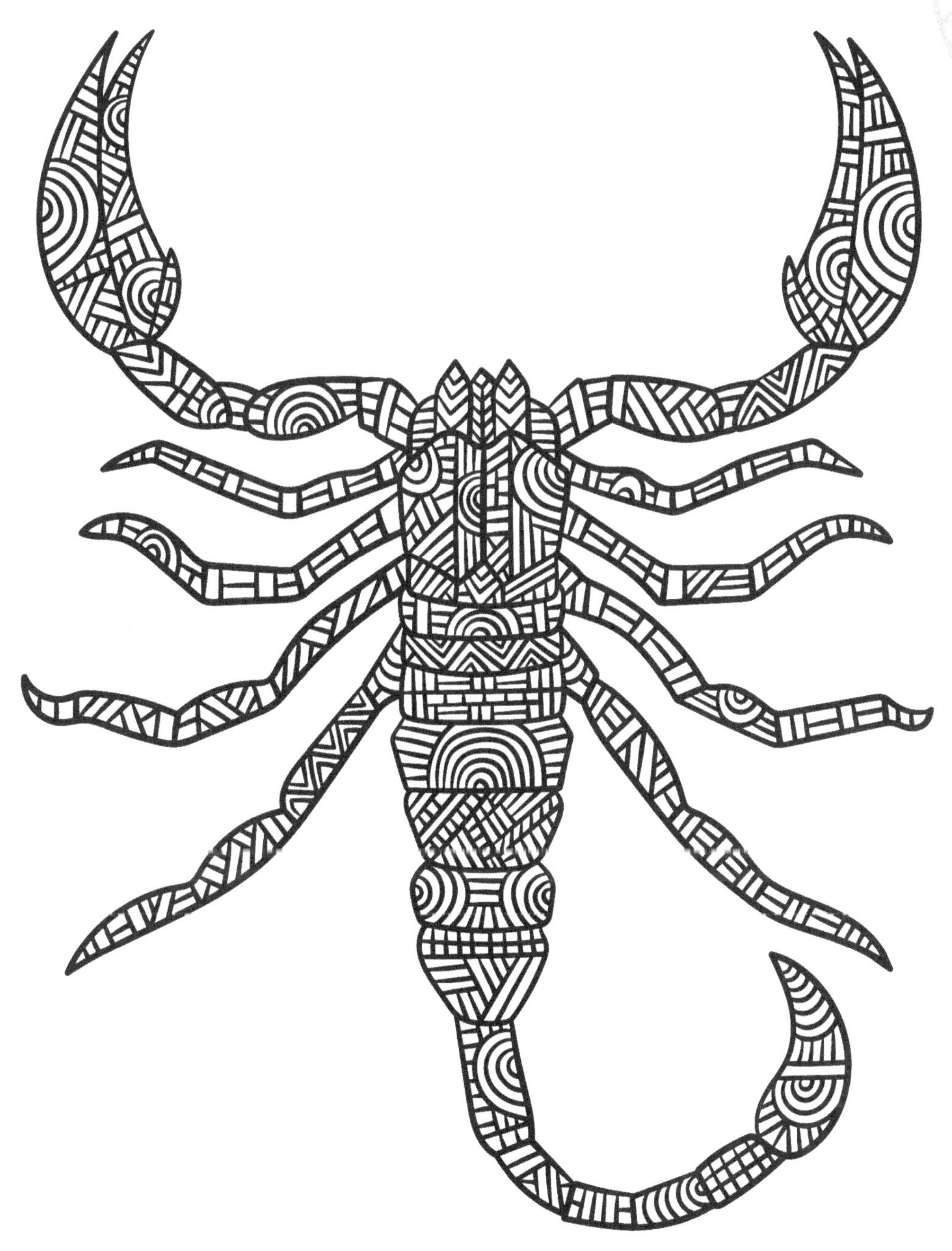

I am

BRAVE

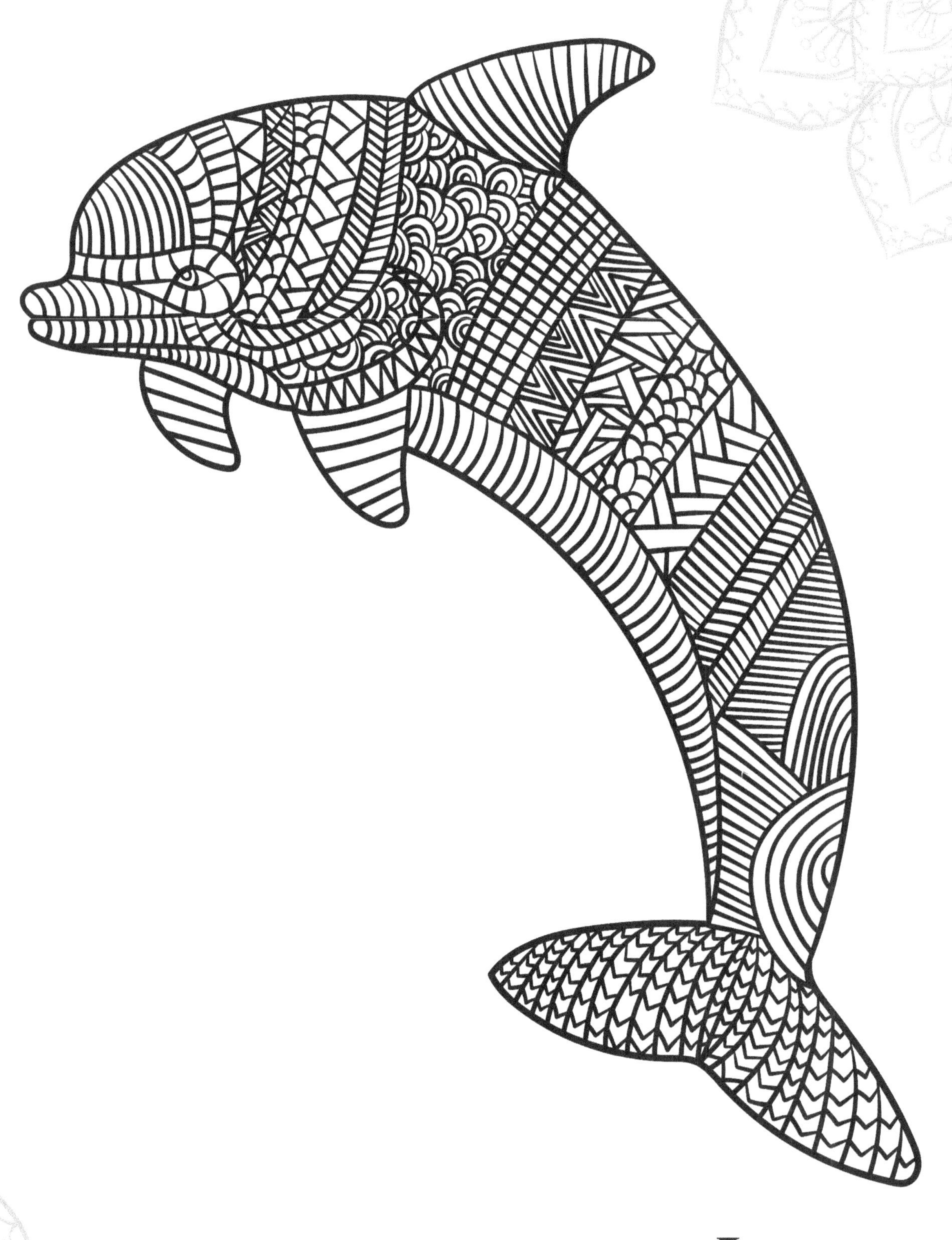

I am

LOVING

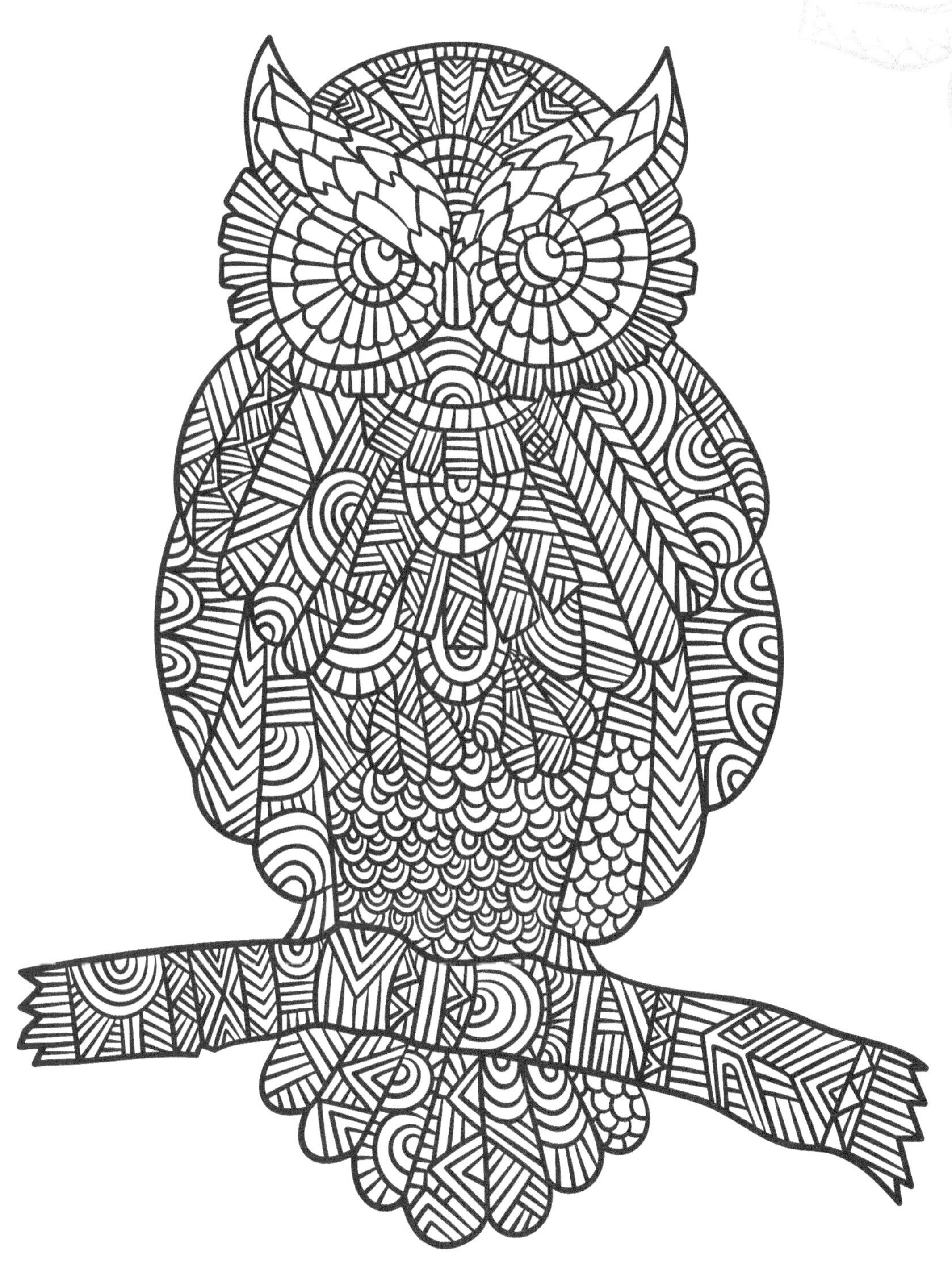

I am

WISE

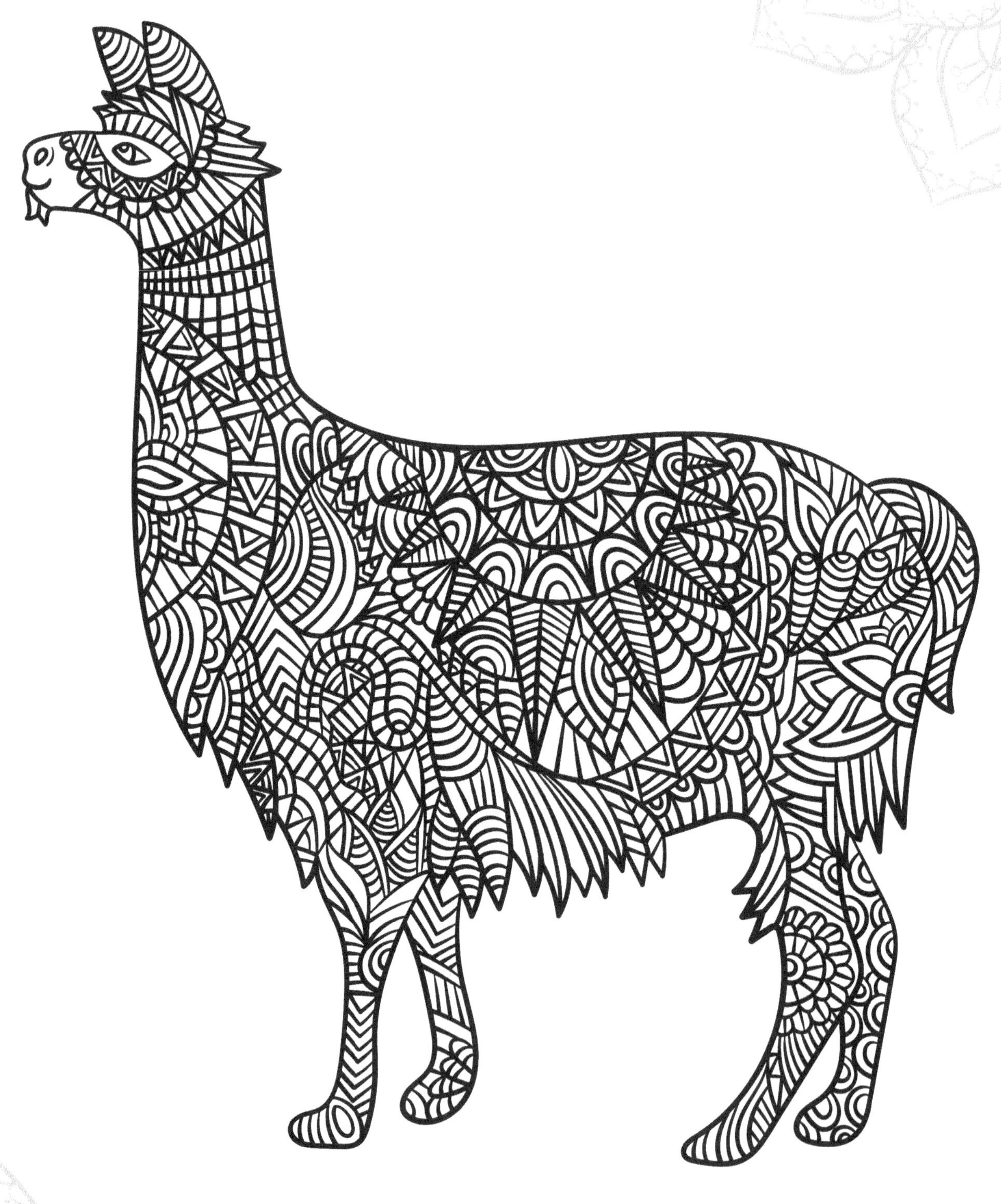

I am

CAREFREE